Norbert Pautner

KLECKS!
Mein großes Fingerfarbenbuch

Inhaltsverzeichnis

Malen mit Fingerfarben

Malen mit Fingerfarben ist ganz einfach, und man braucht nicht viel: Farben und Finger. Und schon kann es losgehen mit dem Klecksspaß.
Denn: Vorsichtig Tupfen für Tupfen setzen – das ist irgendwie nichts für kleine Künstlerhände.

Das Schwierigste an der ganzen Fingerfarben-Kunst ist die Antwort auf die Frage: „Was soll ich malen?"
Und dafür gibt es in diesem Buch viele Ideen, hier findest du eine Menge Tiere, Pflanzen und andere Dinge – insgesamt fast 30 Motive und Anregungen.

Und jetzt viel Spaß beim Malen ...

Punkte, Striche, Flächen

So leicht geht das Malen mit Fingerfarben: Finger in die Farbe und – klecks! – rauf damit aufs Papier. Damit es von Anfang an gut klappt, sind hier ein paar einfache Tipps:

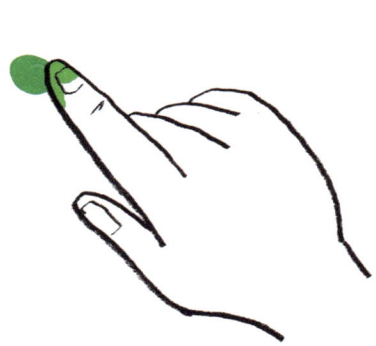

Kleine Kreise sind einfache Tupfen mit der Fingerspitze.

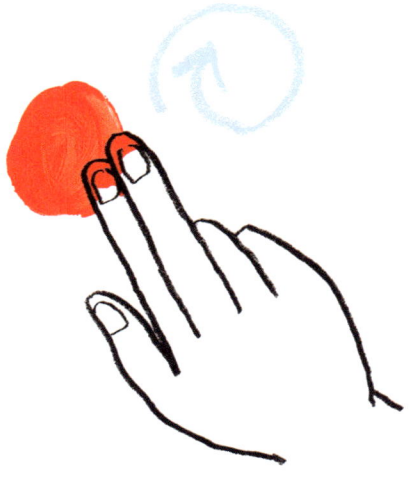

Größere Kreise machst du mit einem oder mehreren Fingern und einer kreisenden Bewegung.

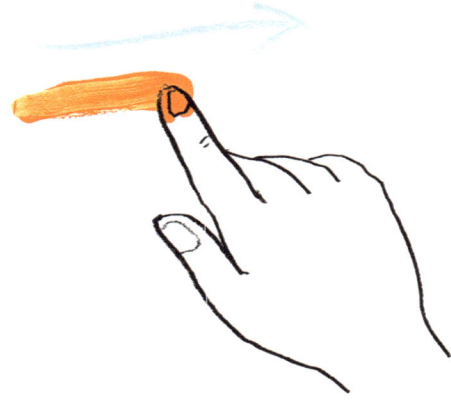

Kurze Striche ziehst du ganz einfach mit einem Finger.

Größere Flächen malst du am besten mit zwei oder drei Fingern.

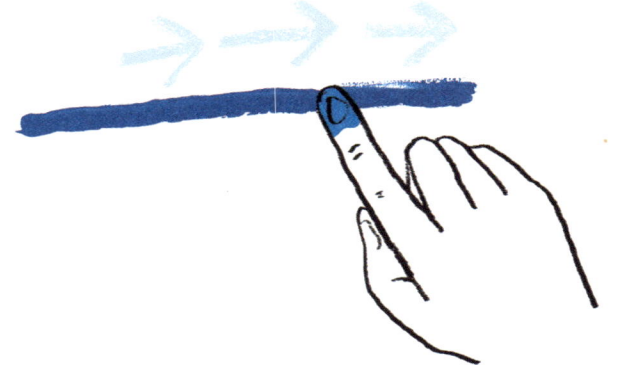

Längere Striche lassen sich oft nicht in einem Zug malen. Da kannst du einfach mehrmals ansetzen oder die Linie mit dem Finger hin- und herziehen.

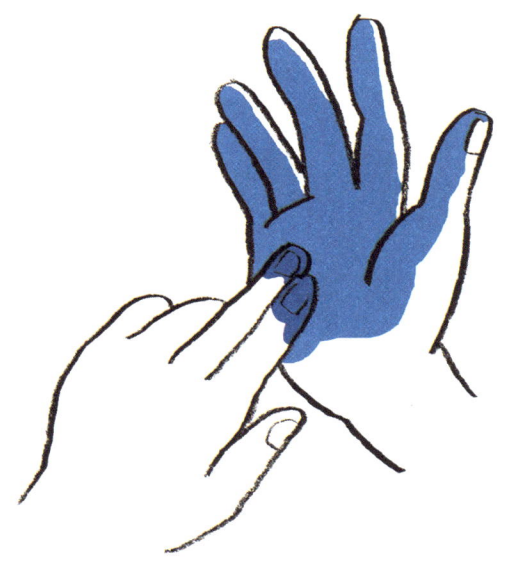

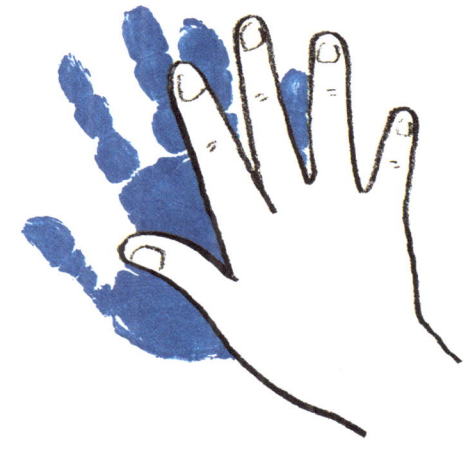

Lass dir beim Abdrücken der Hand ruhig Zeit – lass sie etwas länger auf dem Papier liegen und drücke sie vielleicht noch etwas fester mithilfe der anderen Hand auf.

Für einen Handabdruck trägst du die Farbe sorgfältig mit den Fingern der anderen Hand auf.

... und so sollte dein ARBEITSPLATZ aussehen:

Wenn du dir deinen Arbeitsplatz einrichtest, solltest du daran denken, dass Fingerfarben klecksen, spritzen und tropfen. Also: Zeitung unterlegen! Und nicht dein schönstes T-Shirt anziehen, sondern lieber ein altes, das vielleicht schon mal ein paar Farbflecken abbekommen hat. Außerdem: ausreichend Papiertücher (oder Lappen) bereitlegen.

Die Papiertücher brauchst du zum Beispiel immer, wenn du die Farbe, mit der du gerade malst, wechselst. Du willst ja nicht, dass rote Farbe ins blaue Töpfchen kommt, oder?

Und deine Farbtöpfchen solltest du am besten immer wieder verschließen, wenn du sie gerade nicht brauchst.

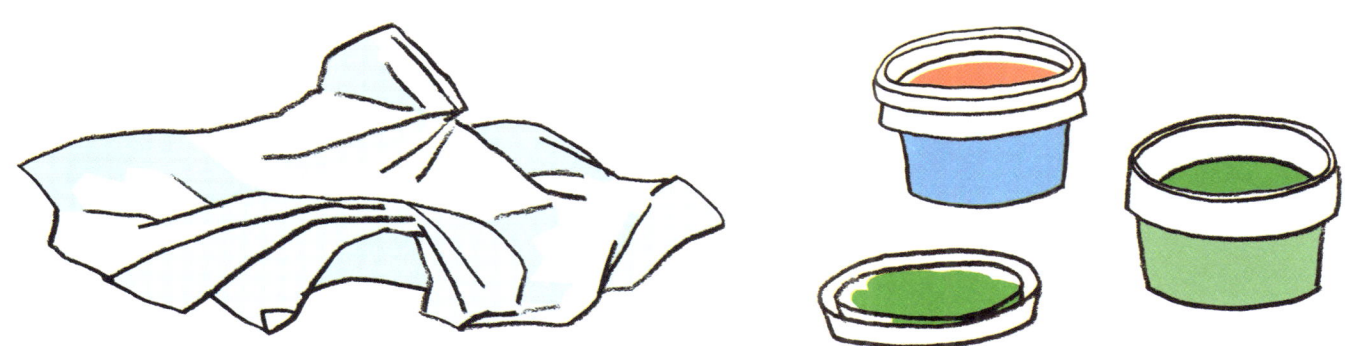

Farben mischen

Wenn du Fingerfarben bekommst, sind meist nur wenige Farbtöne dabei: Rot, Gelb, Blau, Grün, Schwarz und Weiß. Hier siehst du, was passiert, wenn du diese Farben mischst: Plötzlich hast du ganz viele neue Farben!

BLAU + GELB = GRÜN

ROT + GELB = ORANGE

ROT + BLAU = VIOLETT

VIOLETT + WEISS = LILA

GRÜN + GELB = HELLGRÜN

GRÜN + BLAU = DUNKELGRÜN

ROT + GRÜN = BRAUN

SCHWARZ + WEISS = GRAU

ROT + WEISS = ROSA

BLAU + WEISS = HELLBLAU

GRÜN + WEISS = BLASSGRÜN

GELB + WEISS = BEIGE

Am besten mischst du Finger-farben in einem Pappteller oder auf einem dicken Stück Wellpappe.

Wenn auf der Wiese die Sonne zwischen den Wolken hindurchscheint, dann leuchten die Blumen. Von ihren Farben angelockt, lässt sich der Schmetterling nieder und saugt den Nektar aus den Blüten.

Wolke

Wolken bestehen aus lauter kleinen Wassertröpfchen. Wenn es regnet, sind die Wassertropfen zu groß geworden und fallen herunter.

hellblau →

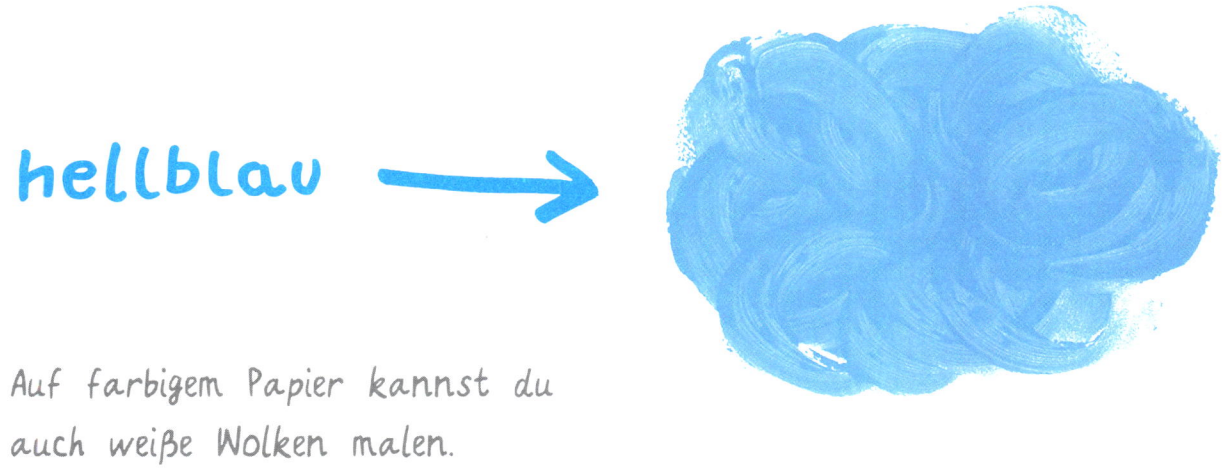

Auf farbigem Papier kannst du auch weiße Wolken malen.

Sonne

Die Sonne sorgt mit ihrer Wärme und ihrem Licht dafür, dass sich Menschen, Tiere und Pflanzen wohlfühlen.

1 **gelb**   2

Malst du eine Sonne auf farbigem Papier, dann misch ein bisschen Weiß unter's Gelb. So wird die Sonne leuchtender.

Sonnenblume

Sonnenblumen können bis zu 2 Meter groß werden – also größer als du. Die gerösteten Kerne kann man essen.

1 orange

2 gelb

3

4

grün

Die Sonnenblume heißt eigentlich nicht so, weil sie wie eine kleine Sonne aussieht, sondern weil sie ihren Kopf immer zur Sonne richtet.

Andere **Blumen**

1   2   3   4

1   2   3   4

Male einfach Blüten, Stängel, Blätter: So kannst du dir eine Menge Blumen selbst ausdenken.

Schmetterling

Schmetterlinge ernähren sich von Nektar, den sie mit ihrem Rüssel aus der Blüte saugen.

1 *gelb*

2 *blau*

3

rot

4

schwarz

5

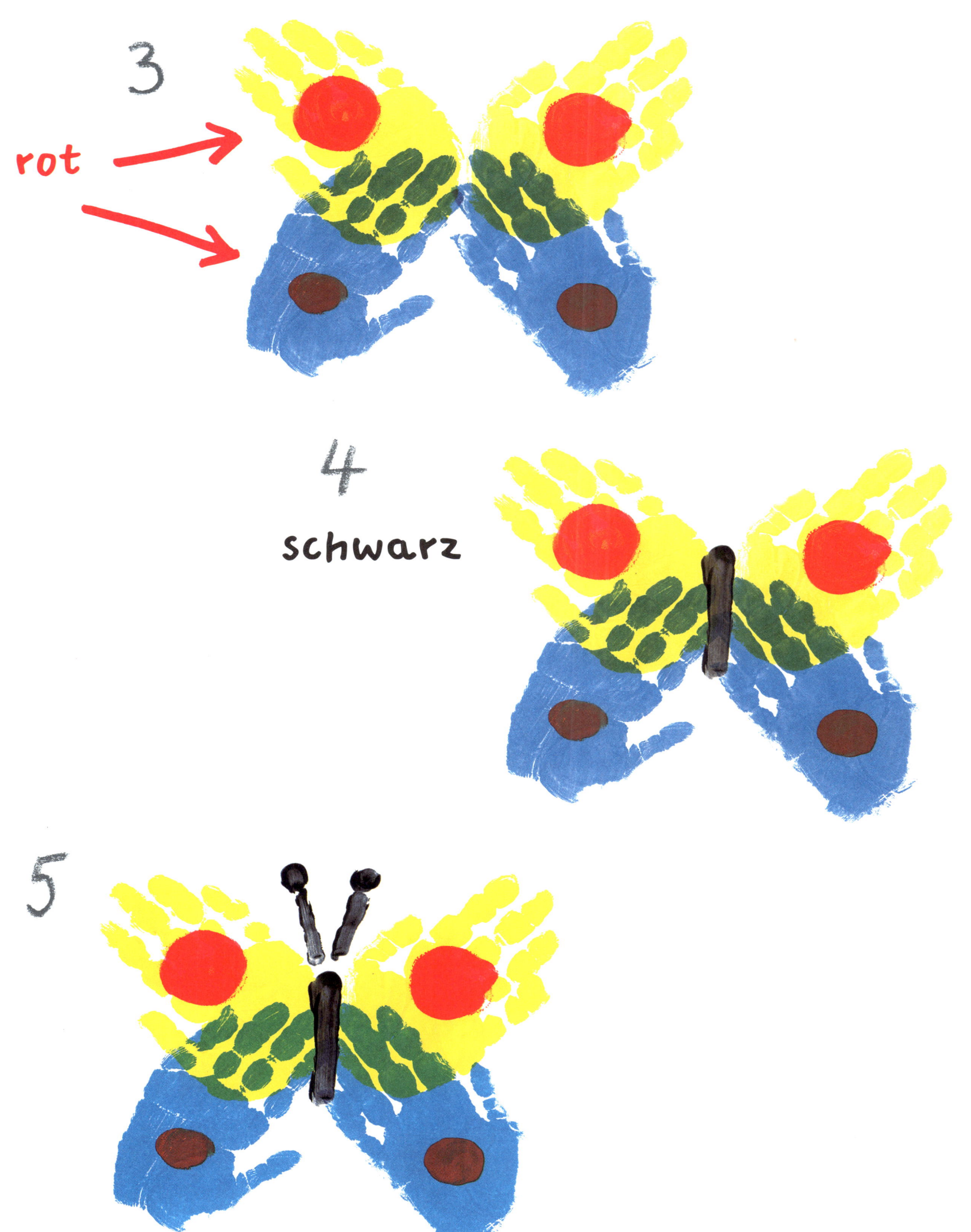

Habt ihr Tiere bei euch zu Hause?
Dann weißt du bestimmt, was für ein
Durcheinander es manchmal geben kann.
Wenn der Hund die Katze jagt, und die
Katze die Maus — und dann doch von
einem Wollknäuel abgelenkt wird.
Ein Glück für die Maus, dass sie in ihrem
Mauseloch verschwinden kann.

Maus

Der Hausmaus fällt es in der Nähe des Menschen leicht, Nahrung zu finden; sie hat sich sogar den Winterschlaf abgewöhnt.

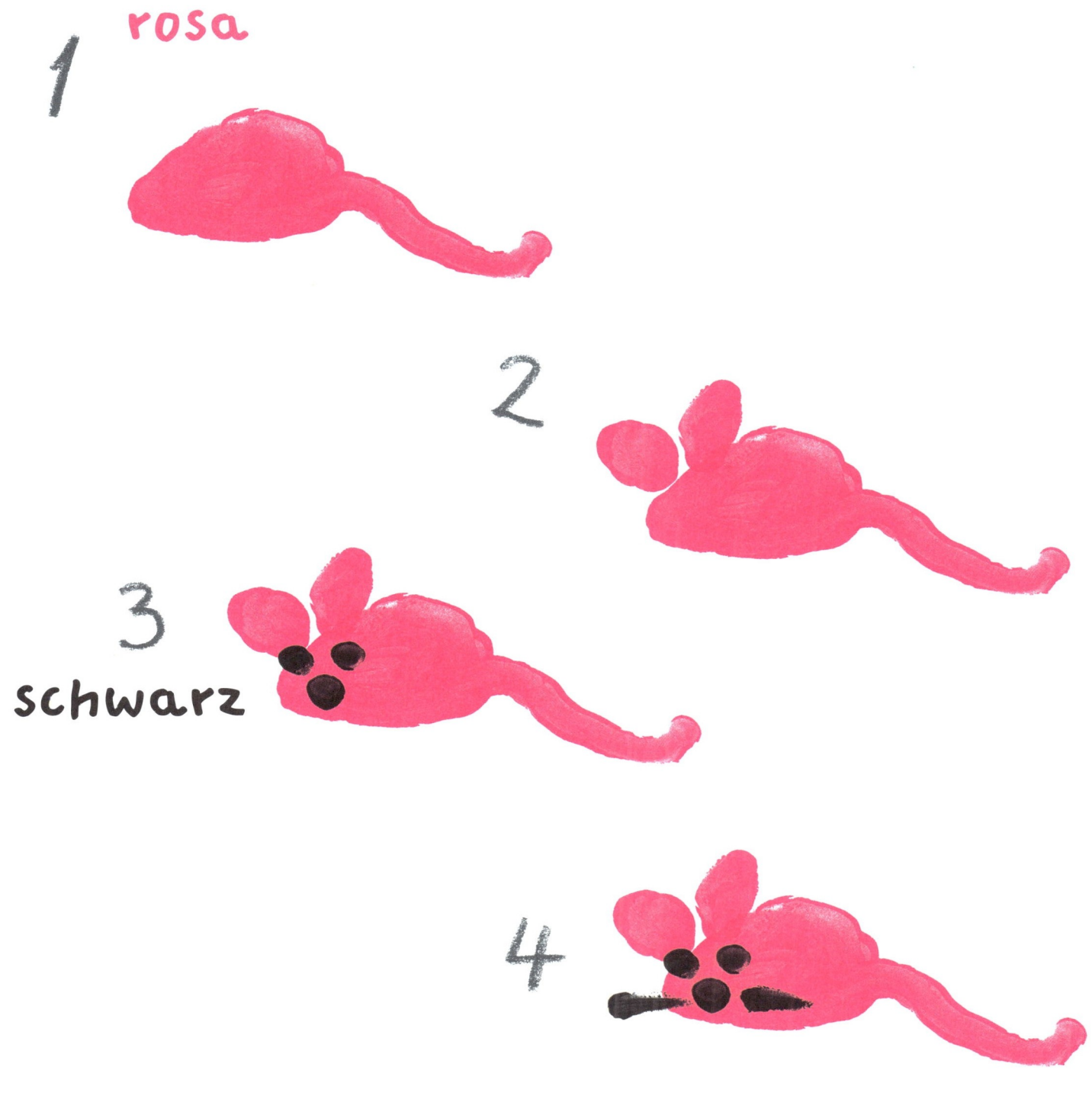

1 rosa

2

3 schwarz

4

Mäuse sind von Natur aus eigentlich grau, braun oder auch weiß, manchmal auch fast schwarz.

Katze

Hauskatzen verschlafen mehr als den halben Tag (13 bis 14 Stunden). Sie spielen gerne, das ist für sie ungefähr genauso spannend wie Jagen.

1

orange

2

lila

3

4

5

schwarz

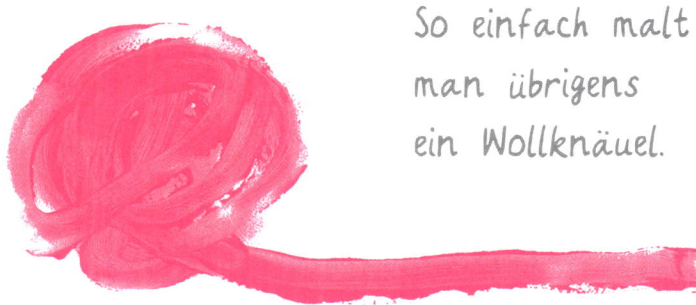

So einfach malt man übrigens ein Wollknäuel.

Hund

Hunde sind die ältesten Freunde des Menschen. Sie verstehen uns und wir sie. Wenn ein Hund sich freut, wedelt er mit dem Schwanz.

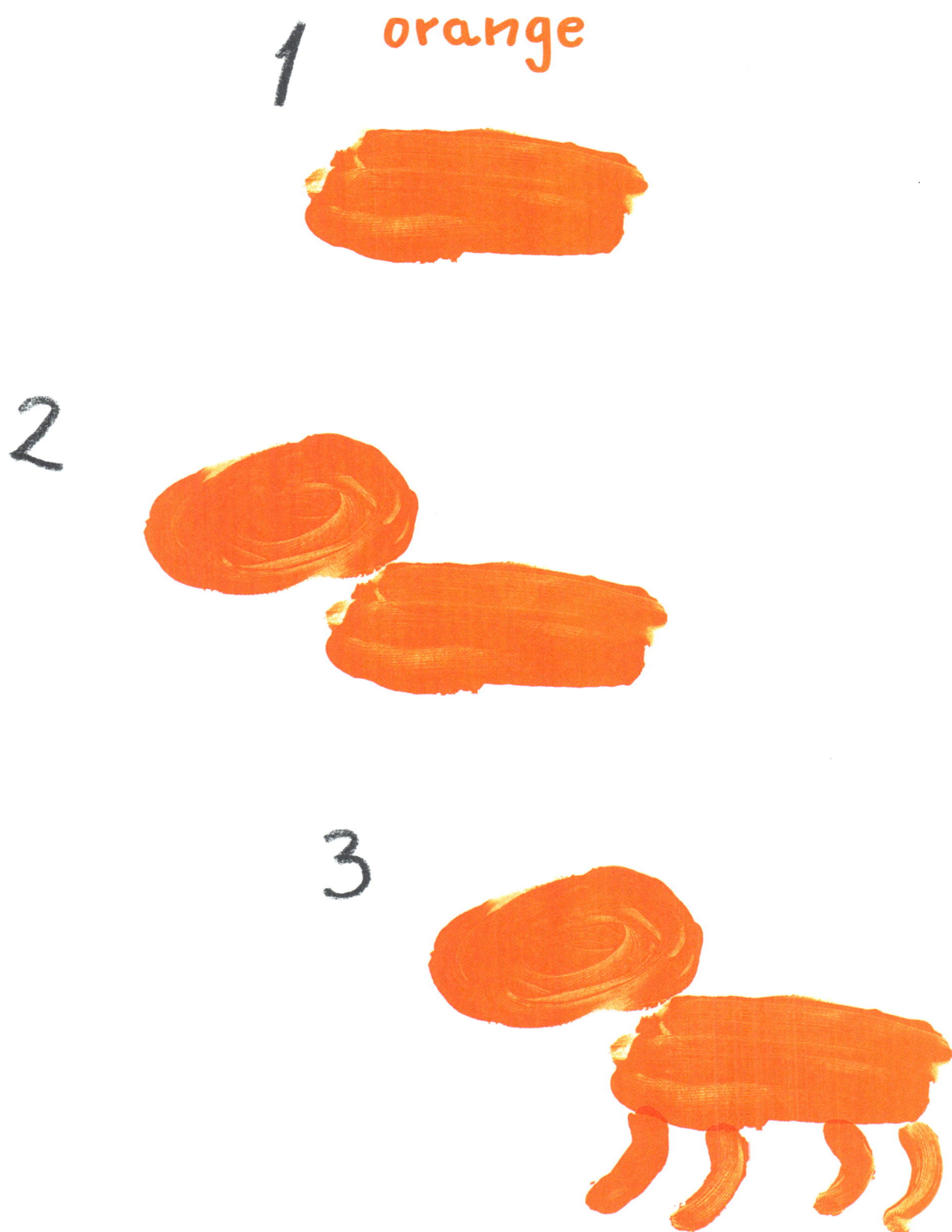

1 orange

2

3

4

rot

5

schwarz

Du kannst dem Hund auch Flecken und
Tupfen aufs Fell malen. Oder falls du
selbst einen Hund hast, versuch einmal,
deinen eigenen Hund zu malen.

Hunde sind eigentlich
gezähmte Wölfe.
Schon die Menschen
in der Steinzeit
hielten sich Hunde.
Sie halfen den
Menschen bei der
Jagd und bewachten
das Vieh und die
Hütte.

Auf dem Bauernhof leben viele Tiere.
Bauer Harms hat **Hühner** und **Schafe**.
Von den Schafen bekommt er Wolle, von
den Hühnern **Eier**. Und wenn die Hühner
ihre Eier ausbrüten, schlüpfen **Küken**
daraus. Da freut sich der **Hahn**.

Schaf

Schafe werden in Herden gehalten. Sie können sich bis zu 50 verschiedene Gesichter von anderen Schafen merken und sie wiedererkennen.

1 hellblau

2 orange

3 schwarz

4

Schafe sind eigentlich nicht himmelblau. Du kannst deine Schafe auch gelb, orange, braun oder schwarz malen. Auf farbigem Papier kannst du ein weißes Schaf malen.

Huhn

Hühner legen fast jeden Tag ein Ei. Aber nur, wenn man es ihnen jeden Morgen wegnimmt. Sonst würden sie es ausbrüten.

1 grün

2 braun

3 rot

4 schwarz

5

Hühner legen Eier.
Aus Eiern werden **KÜKEN**.

Küken

Küken nennt man die jungen Hühner.

1 gelb

2

3 orange

4

5

schwarz

Hahn

Ein Hahn ist ein männliches Huhn.
Weibliche Hühner nennt man übrigens auch Hennen.

1 grün

2 gelb

3 blau

4 **rot**

5 **schwarz**

Du kannst den Hahn auch mit anderen
Farben malen, Hauptsache bunt!

Der Hahn steht
morgens immer als
Erster auf und legt
keine Eier. Das machen
nur die Hühner.

Im Wald stehen viele Bäume. Dort wachsen auch Gräser, Moos und Pilze. Viele Tiere, die im Wald leben, entdeckt man kaum. Sie verstecken sich, so wie zum Beispiel der Igel im Winter unter dem Laub. Wildtiere sind scheu: Wenn der Hase dich bemerkt, läuft er sofort weg. Auch die Eule sieht man selten, dafür hört man sie oft.

Baum

1 grün

2

3 braun

Pilz

1 rot

2 orange

Igel

Igel rollen sich bei Gefahr zusammen. Dann sind nur noch ihre rund 5000 Stacheln zu sehen.

1 braun

2

3 orange

4 schwarz

5

Hase

Hasen und Kaninchen sind Verwandte, und man kann sie leicht verwechseln. Aber Hasen haben meist längere Ohren.

1
orange

2

3

4
schwarz

Kennst du das Märchen vom Wettrennen zwischen Hase und Igel?

31

Eule

Eulen können sehr gut sehen und noch besser hören.
Zu den Eulen gehören auch Uhus und Käuze.

1 braun

2

3 grün

4 schwarz

5 gelb

Eulen sind nachts wach. Dann jagen sie Mäuse und andere kleine Tiere. Dafür schlafen sie meist tagsüber.

Bevor du zum Schluss die gelben Tupfen malst, solltest du deinen Malfinger gut sauber machen. Oder du malst Schnabel und Füße einfach mit einem anderen Finger …

Über Flüssen und an Teichen sieht man oft **Libellen**, weil sie ihre Eier im Wasser ablegen. Ein typischer Wasservogel ist die **Ente**, sie sucht dort nach Nahrung. Aber nicht jedes Quaken kommt von den Enten – auch **Frösche** können quaken. Und unter Wasser leben natürlich die **Fische**.

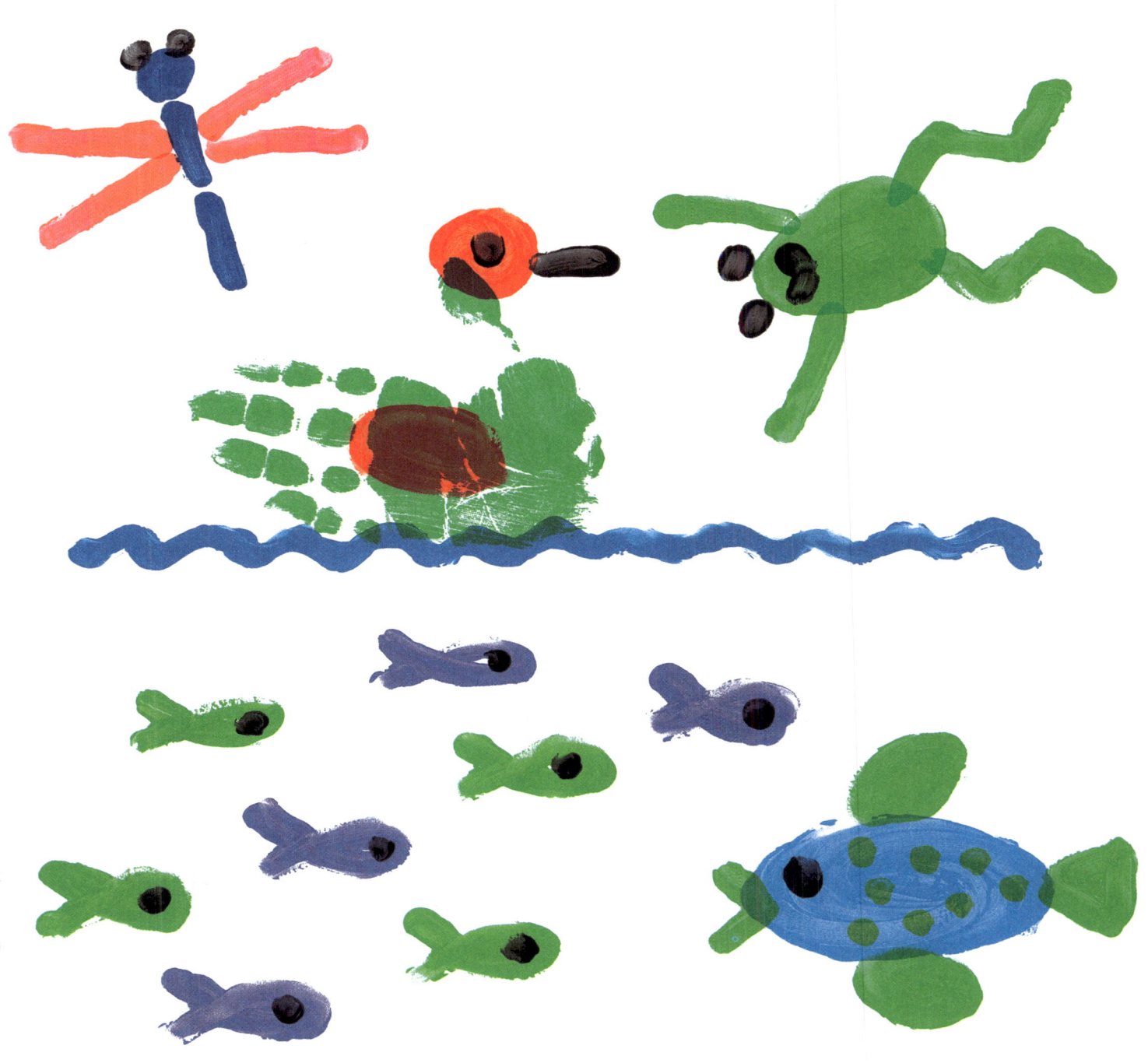

Ente

Enten verbringen mehr Zeit auf dem Wasser als an Land. Darum haben sie auch Schwimmhäute zwischen den Zehen.

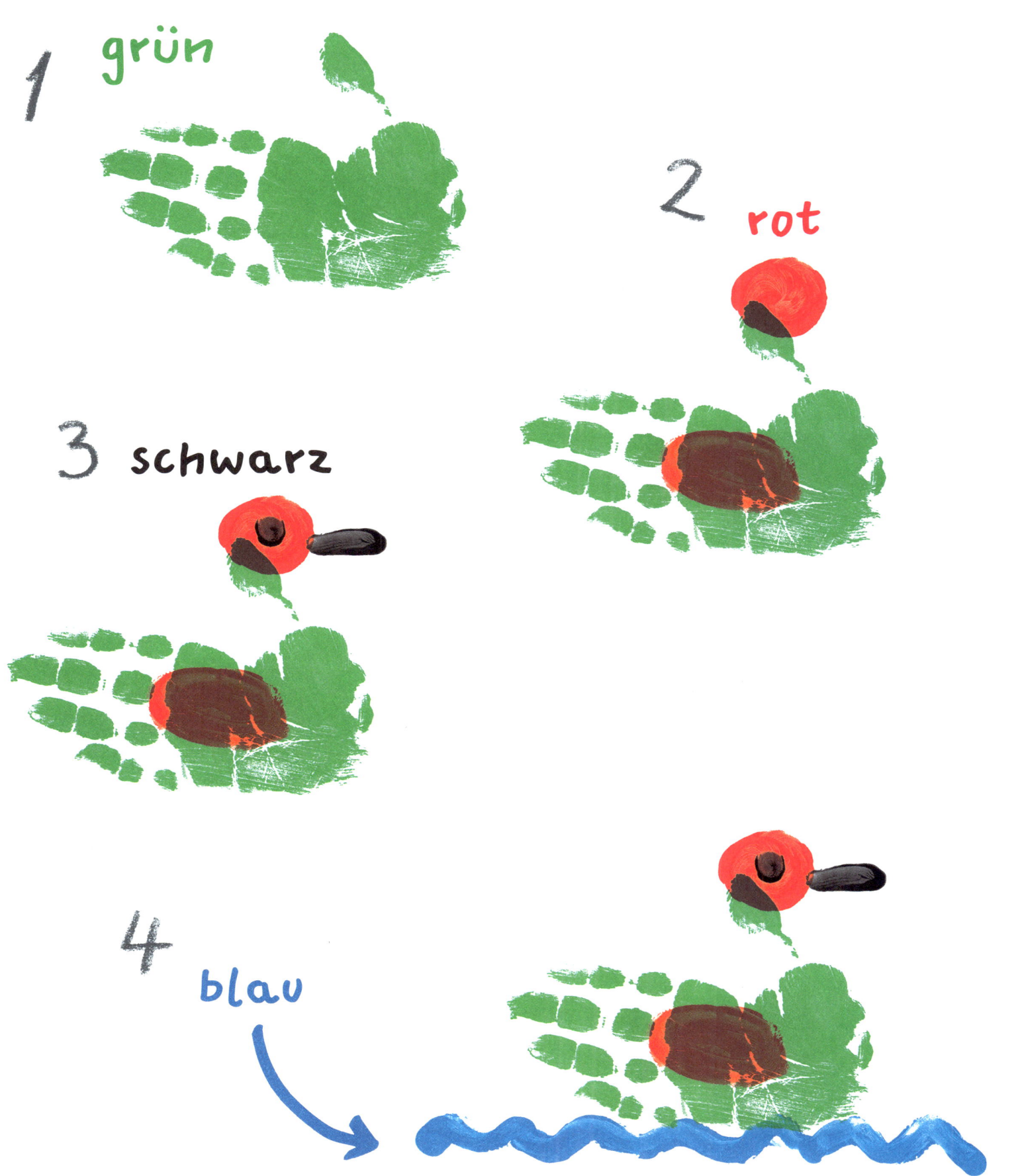

1 grün

2 rot

3 schwarz

4 blau

Fisch

Fische können unter Wasser atmen. Das machen sie mit ihren Kiemen, mit denen sie den Sauerstoff aus dem Wasser filtern.

1 blau

2 grün

3

4 schwarz

Kleiner Fisch

1 blau   **2** schwarz

Viele kleine Fische ergeben einen **FISCHSCHWARM**.

Dein Fischschwarm wirkt besonders lebendig,
wenn die Fische unterschiedliche Farben haben.

Libelle

Libellen können ihre Flügel so gut bewegen, dass sie in der Luft stehen bleiben können. Und sie können die Richtung so schnell ändern, dass es aussieht, als würden sie Zickzack fliegen.

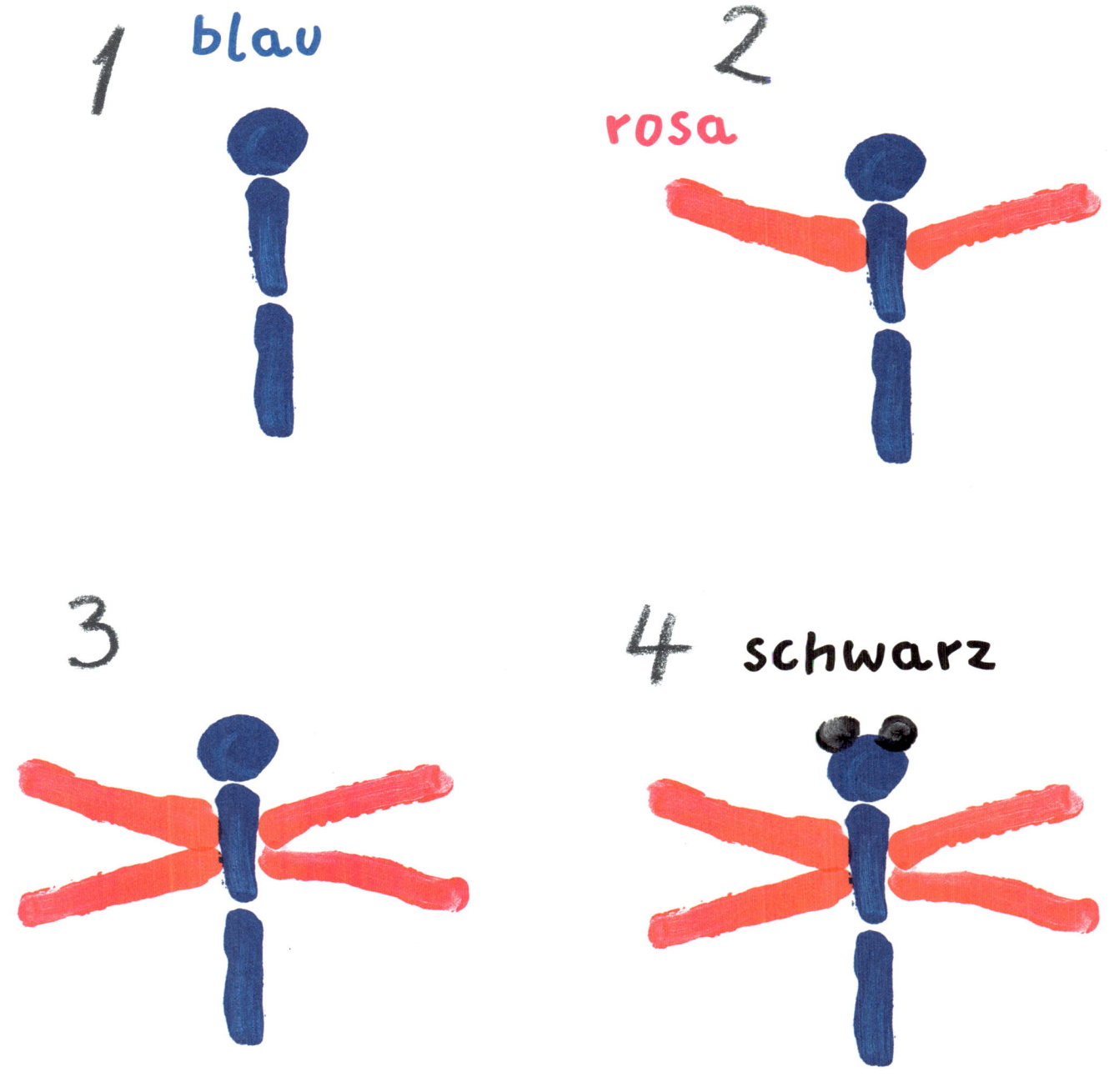

1 blau

2 rosa

3

4 schwarz

Libellen sind schön bunt und funkeln in der Sonne.
Du kannst sie also in allen Regenbogenfarben malen!

Frosch

Frösche leben im Wasser und an Land. Aber nur die Babys, die Kaulquappen heißen, können unter Wasser atmen.

1 grün

2

3 schwarz

Wenn Frösche quaken, pumpen sie ihren Kehlsack auf, sie machen sozusagen dicke Backen. Dadurch sind sie richtig laut. So können sich die Frösche auch über große Entfernungen verständigen.

In Afrika leben viele wilde und interessante Tiere. Das größte Säugetier an Land ist der Elefant. Er ist so groß und stark, dass er sich nicht einmal vor dem Löwen fürchten muss. Und auch vor dem Krokodil muss er keine Angst haben. In Afrika lebt der größte Vogel der Erde, der Strauß.

Strauß

Der Strauß ist zwar ein Vogel, kann aber nicht fliegen.
Dafür kann er richtig schnell laufen: über 50 km/h,
so schnell wie ein Auto in der Stadt.

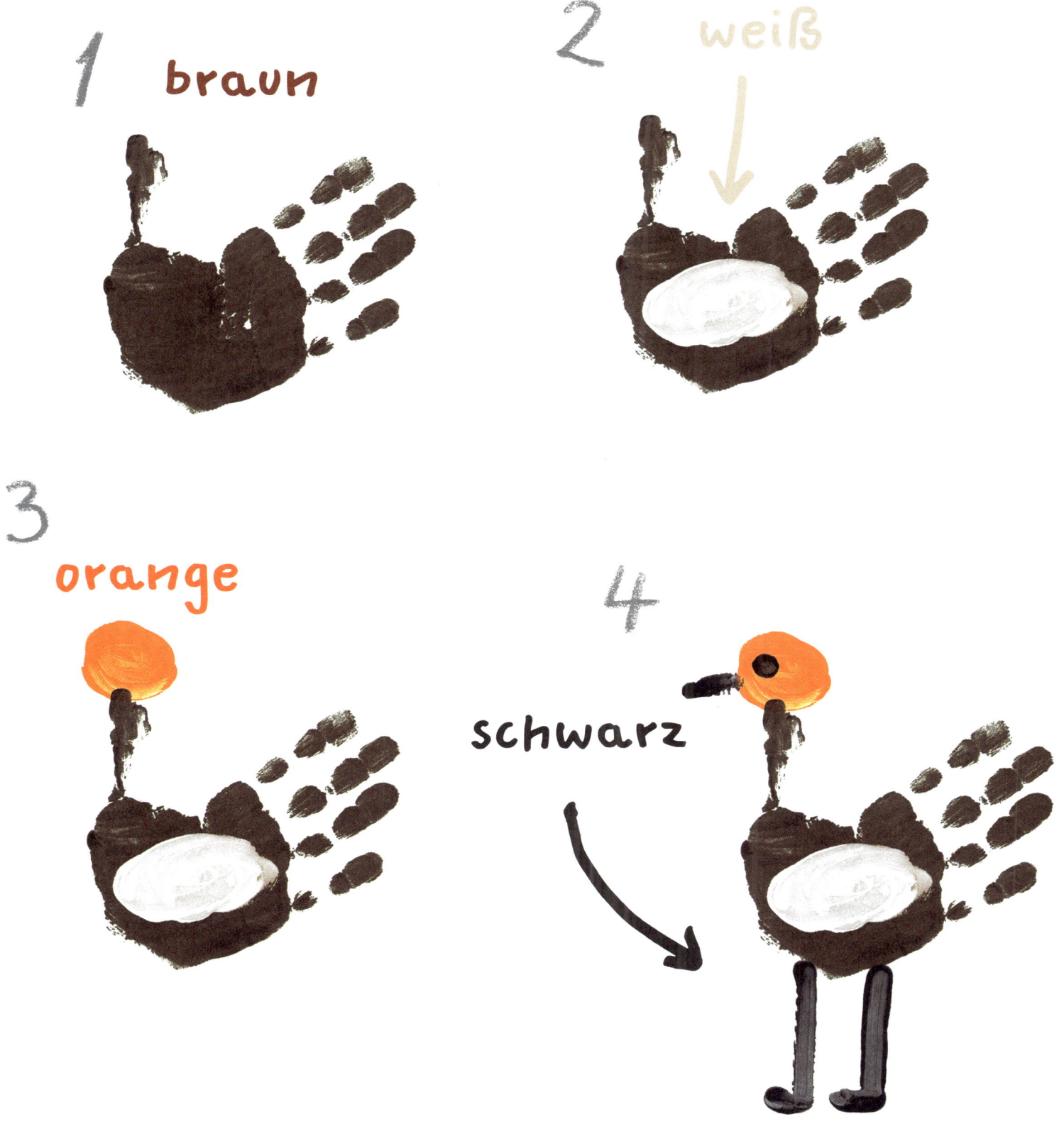

1 braun

2 weiß

3 orange

4 schwarz

Löwe

Löwen sind Raubtiere, sie fangen und fressen andere Tiere. Aber sie jagen nur, wenn sie Hunger haben. Die meiste Zeit des Tages, bis zu 20 Stunden, schlafen oder dösen sie.

1 orange

2

3

4 rot

5

schwarz →

Bei den Löwen haben nur die ausgewachsenen Männchen eine Mähne. Weibchen haben diese Haare nicht.
An der großen Mähne erkennt man gleich, wer in der Savanne der Chef ist.

Elefant

Elefanten baden gerne, meistens gehen sie einmal am Tag ins Wasser. Doch dabei waschen sie sich nicht, sondern bewerfen sich mit Schlamm. So pflegen sie ihre dicke, aber empfindliche Haut.

1 blau

2

3

4 gelb

5 schwarz

Elefanten sind eigentlich grau, aber du kannst sie auch in der Farbe malen, die dir gefällt.

Krokodil

Krokodile haben viele spitze und scharfe Zähne, aber sie können damit nicht kauen. Also schlucken sie ihre Nahrung einfach so in großen Bissen hinunter.

1 grün

2

3

4

5 gelb

6

schwarz

Impressum

Idee, Text & Gestaltung: Nobert Pautner

Lektorat & Redaktion: Kristin Neugebauer

Covergestaltung: GrafikwerkFreiburg

Repro: Meyle & Müller, Pforzheim

Druck: polygraf print, Slowakei

ISBN 978-3-8411-0176-1
Art.-Nr. VB110176

4. Auflage 2015

www.christophorus-verlag.de